Vente du Samedi 20 Mars 1909

HOTEL DROUOT — SALLE Nᵒ 10

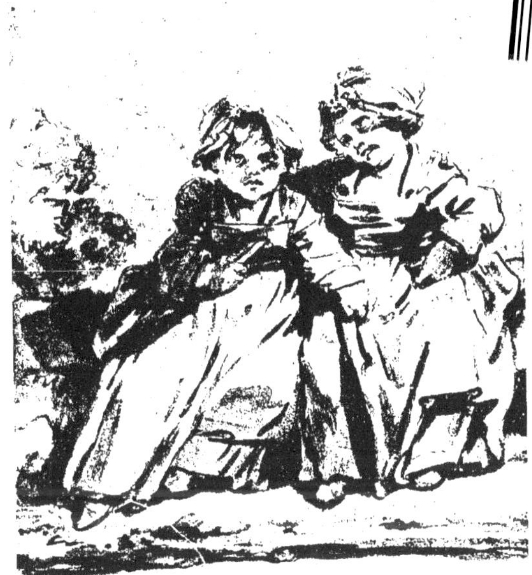

Nᵒ 00 du Catalogue.

DESSINS

DES

XVIᵉ, XVIIᵉ et XVIIIᵉ SIÈCLES

Mᵉ F. LAIR-DUBREUIL
6, Rue Favart

M. LOYS DELTEIL
2, Rue des Beaux-Arts

EXPOSITION PUBLIQUE, HOTEL DROUOT, LE 19 MARS 1909

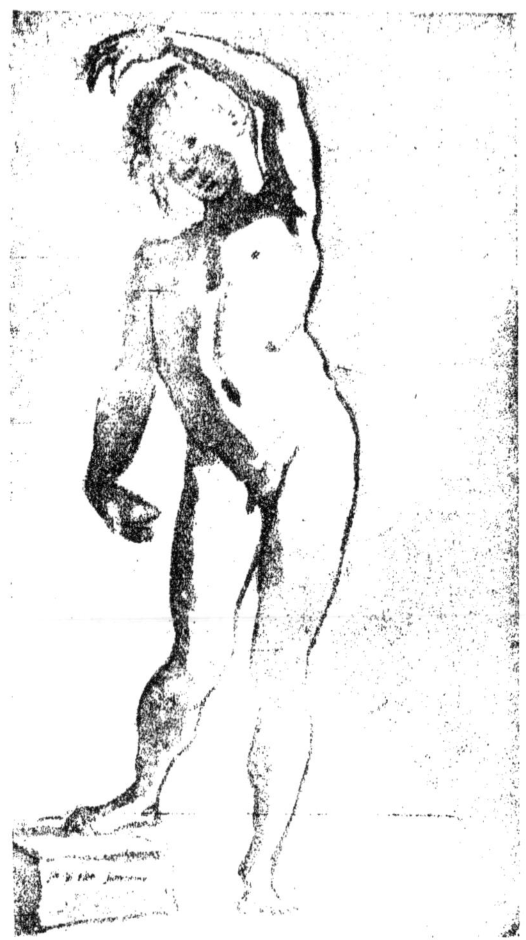

Nᵒ 112 du Catalogue.

CATALOGUE

DES

DESSINS

DES

XVIe, XVIIe et XVIIIe SIÈCLES

PAR OU ATTRIBUÉS A

BACKHUISEN, BARTOLOZZI, JACOPO BELLINI, L. BOILLY, H. BOL,
F. BOUCHER, BREUGHEL, CAMPAGNOLA, DUMONSTIER,
DUSART, A. van DYCK, H. FRAGONARD, Cl. GELLÉE,
GOYA, GREUZE, C. HOIN, LAGNEAU, Ch. LEBRUN,
MELDOLLA, MICHEL-ANGE, L. MOREAU, NICOLO
DEL'ABBATE, PERUZZI, J. ROMAIN, P. P. RUBENS,
J. RUISDAEL, A. et G. de St-AUBIN, SANTI DI TITO,
TÉNIERS, LES TIEPOLO, TITIEN, P. del VAGA,
W. van de VELDE, S. VOUET, A. WATTEAU,
D. WYLKIE, etc.

Dont la vente aura lieu

à Paris, HOTEL DROUOT, Salle Nº 10
Le Samedi 20 Mars 1909

à 2 heures précises

Par le Ministère de Mᵉ F. LAIR-DUBREUIL,

COMMISSAIRE-PRISEUR

6, Rue Favart, 6

Assisté de M. LOYS DELTEIL, Artiste-Graveur, Expert

2, Rue des Beaux-Arts

CONDITIONS DE LA VENTE

Elle sera faite au comptant.

Les adjudicataires paieront *dix pour cent* en sus des enchères.

M. Loys Delteil remplira les commissions que voudront bien lui confier les amateurs ne pouvant y assister.

MM. les amateurs pourront visiter la collection, 2, *rue des Beaux-Arts*, du Lundi 15 au Jeudi 21 Mars, de 2 heures à 5 heures.

Exposition Publique, Hôtel Drouot, Salle n° 10, le *Vendredi 19 Mars 1909, de 2 heures à 6 heures.*

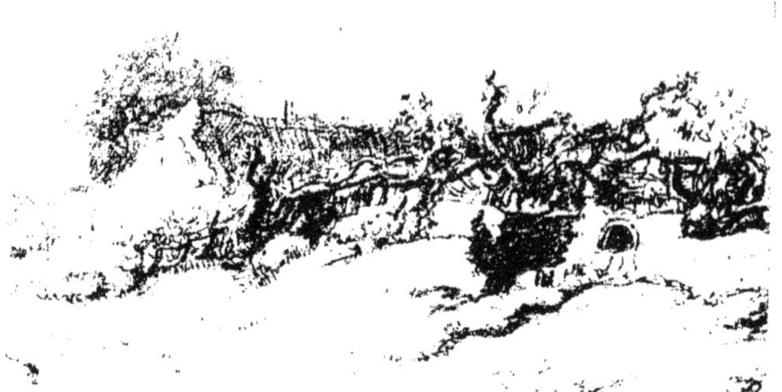

N° 127 du Catalogue.

DÉSIGNATION

AZZOLINO
(Gio. Bernardo)

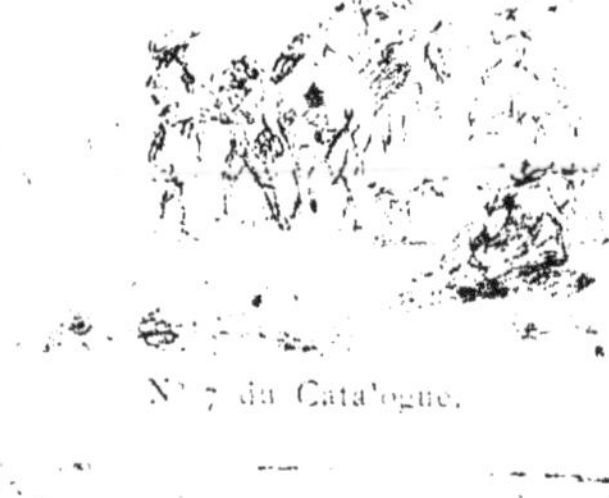

N° 7 du Catalogue.

1. S¹ Martin partageant son manteau avec un pauvre. A la plume, lavé de sépia. Collection Robert-Dumesnil.

H. [illegible]. L. [illegible].

N° 150 du Catalogue.

BACKHUISEN (Ludolf)

2. Navires sortant du port, par une mer agitée. Aquarelle. Cadre en ébène du XVII᷎ siècle.

L. 310. H. 190.

BARTOLOZZI (F.)

3. Jeune Femme à mi-corps, de profil à gauche, étendant le bras, et étude de tête, de face. A la pierre d'Italie et sanguine.

H. 160. L. 120.

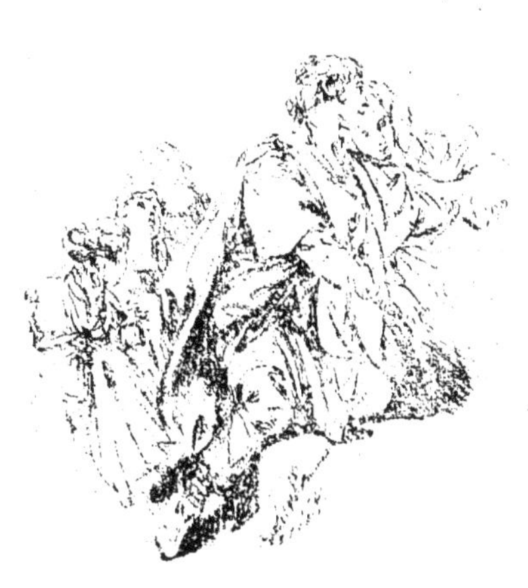

N° 12 du Catalogue.

BELLA (Stefano della)

4. Buste d'un Chevalier coiffé d'un casque orné de grandes plumes. A la plume, lavé de bistre.

H. 280. L. 210.

5. Deux Joueurs d'olifant. A la plume de roseau. Cadre vénitien du début du XVII᷎ siècle.

H. 210. L. 155.

BELLINI (attribué à Jacopo)

6. Exorcisme d'une possédée. A la plume.

L. 310. H. 200.

BERGHEM (Nicolas)

7. Halte de Cavaliers. A la sanguine.

L. 200. H. 210.

BLŒMAERT (Abraham)

8. L'Enfant prodigue festoyant avec des Courtisanes.
A la plume, lavé de bistre.

BOILLY (L.)

9. La Demande en Mariage. A la plume, lavé d'encre
de chine. Cadre Empire.

L. 185. H. 115.

10. Le Coucher de la Mariée (Époque du Direc-
toire). Plume et sépia. Cadre Empire.

L. 185. H. 115.

BOL (Ferdinand)

11. Esther implorant As-
suérus. A la plume,
lavé d'encre de
chine, *signé*.

L. 285. H. 195.

BOL (Hans)

12. La Légende de St
Hubert. A la plu-
me, lavé de sé-
pia. Signé et daté:
1587.

L. 230. H. 100.

BOUCHER (François)

13. Offrande à l'Amour,
groupe de quatre
personnages. Con-
tre-épreuve de
sanguine.

H. 200. L. 240.

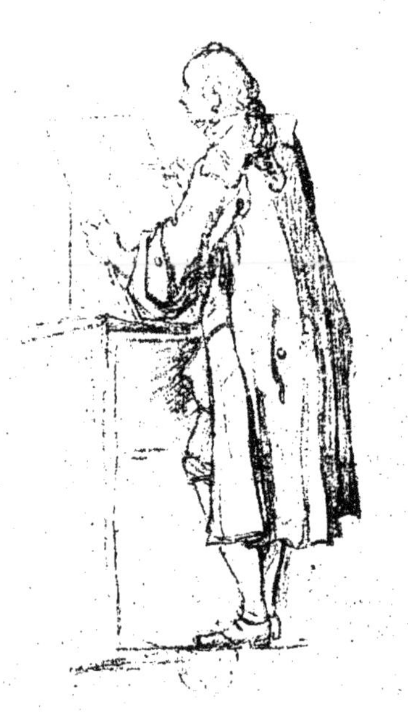

N° 65 du Catalogue.

BOUCHER (Mme)

14. Portrait du musicien allemand, Viechesel. A la
sanguine. Au verso on lit en écriture du temps :
Mme Boucher del. (attribué précédemment à
J. M. Nattier).

H. 155. L. 100.

BRAMER (Léonard)

15. Halte de Cavaliers, à la porte d'une auberge. A la
plume, lavé de sépia. Collection Jean Gigoux.

L. 300. H. 190.

BRAY (de)

16. Jeune Femme en buste, de trois quarts à droite.
A la pierre d'Italie, rehauts de sanguine. Cadre
ébène, orné de bronze doré. XVIIIe siècle.

H. 140. L. 100.

BREUGHEL LE VIEUX (attribué à)

17. Le Sac de Jérusalem. Trait de bistre, rehaussé
d'encre de chine. Cadre bois noir.

H. 350. L. 330.

BREUGHEL DE VELOURS (Jan)

18. Les Cascades de Tivoli. A la plume, lavé d'aquarelle et de sépia. Signé du monogramme et daté :
1618.

H. 380. L. 300.

19. Paysage au bord de la Mer. A la plume, lavé de
sépia et d'indigo.

L. 400. H. 280.

20. Les Bords de l'Escaut. Paysage animé de nom-
breaux bateaux, personnages, etc. A la mine de
plomb. Signature à la plume.

L. 500. H. 220.

CALLOT (Jacques)

21. Diableries fantastiques. A la plume, lavé de bistre.

L. 235. H. 180.

CAMPAGNOLA

22. Les Travaux des Champs. Importante composition
à la sanguine (trous de vers).

L. 450. H. 260.

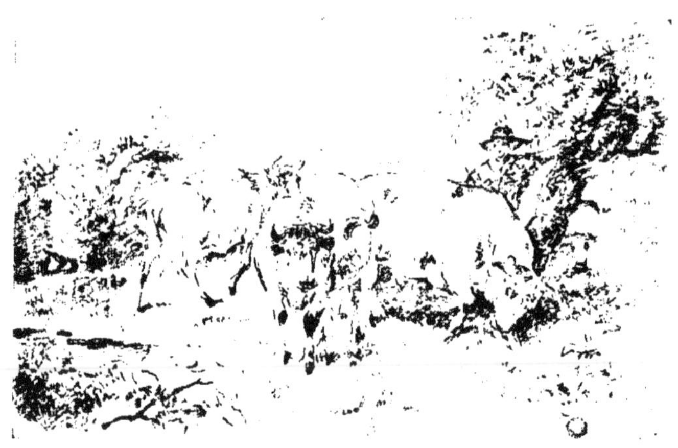

N° 60 du Catalogue.

CANALETTO (attribué à Ant.)

23. Le Ponte Rotto, à Rome. A la plume, lavé d'encre
de chine et légèrement rehaussé d'aquarelle.

L. 420. H. 280.

CARAVAGE (Polydore de)

24. Joseph retrouvant sa Mère. A la plume, lavé de
sépia, sur papier bleuté. Collections Arundell,
J. Barnard et B. West.

H. 240. L. 155.

CARACCI (Lodovico)

25. Curieuse caricature d'un grand Personnage. A la plume.

H. 430. L. 280.

26. Deux Hommes debout, dont l'un est vu de dos. A la pierre d'Italie, avec rehauts de craie, sur papier gris-bleu.

H. 410. L. 260.

CHARDIN (attribué à J. B. S.)

27. Le Cuisinier. (Il est debout, tourné de profil à gauche). A la sanguine.

H. 325. L. 195.

CORNEILLE (Jean-Baptiste)

28. Allégorie sur Apollon, Zéphir et Borée. A la plume, lavé de sépia. Collection Soutzo.

H. 350. L. 270.

CORNEILLE (Michel)

29. Hercule décharge Atlas du fardeau de la Terre, que domine la Renommée. A la plume, lavé d'encre de chine, signé.

H. 330. L. 200.

COYPEL (attribué à Antoine)

30. Etude de trois Femmes nues, pour une composition de *Diane et Actéon*. A la pierre d'Italie, avec rehauts de blanc.

L. 310. H. 280.

COYPEL (Charles)

31. Etude de Femme nue étendue, et études de mains. Sanguine et pierre d'Italie.

L. 370. H. 260.

DESCAMPS (J. B).

32. Etude de geste, tête et main d'un orateur. A la
sanguine, rehauts de craie.   H. 300. L. 200.

33. Etude de têtes d'hommes et de main. A la sanguine,
légers rehauts de craie.   L. 250. H. 190.

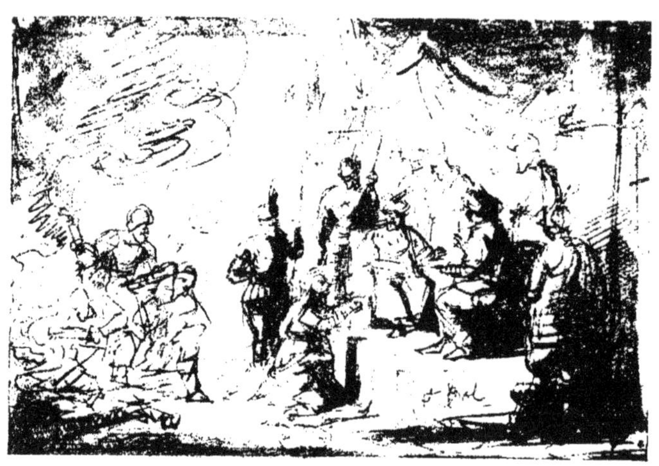

N° 11 du Catalogue.

DUMONSTIER (Daniel)?

34. Portrait présumé d'une demoiselle de Mancini.
Au crayon noir, rehaussé légèrement de pastel,
corsage rouge. Ovale.   H. 290. L. 200.

35. Portrait présumé d'une sœur de la précédente.
Au crayon noir, légèrement rehaussé de pastel.
          H. 290. L. 200.

DUSART (Corneille)

36. Les Commères au cabaret. A la plume, lavé d'encre
de chine.   H. 250. L. 175.

DYCK (Antoine van)?

37. Portrait d'Homme à collerette. A la sépia, rehaussé
de gouache. Cadre en ébène du xviie siècle.

H. 150. L. 100.

DICK (attribué à Ant. van)

38. Deux masques de vieillards, dont l'un se tient la
barbe. A la pierre d'Italie. Cadre en ébène du
xviie siècle.

H. 310. L. 240.

ECOLE ESPAGNOLE (xviie siècle)

39. Portrait d'un Prince de la Famille Royale. Au
crayon noir, rehaussé de pastel.

H. 420. L. 320.

ECOLE FLAMANDE (fin du xvie siècle)

40. La Naissance de la Vierge, importante composition pour un vitrail, à la plume, lavé de bistre ;
au bas, les portraits des deux donateurs. Signé :
M. A. C.

H. 375. L. 250.

ECOLE FLORENTINE (xvie siècle)

41. Triomphe d'un Général. A la plume (précédemment attribué à Agostino Busti).

L. 270. H. 165.

42. L'Ensevelissement du Christ. A la plume. Collection R. Cosway (précédemment attribué au Rosso
et à Bandinelli).

H. 200. L. 245.

ECOLE FRANÇAISE DU XVIIIe SIÈCLE

43. Souper fin sous la tonnelle. Gouache. Bordure
ancienne.

L. 240. H. 170.

ECOLE FRANÇAISE
(xviiiᵉ siècle)

44. Le Temple de Vesta. Sépia.
L. 345. H. 240.

45. Un Temple, parmi les pins parasols, sur une colline au bord de la mer. Paysage animé de figures. Plume et aquarelle. Collection Fleury-Hérard.
L. 410. H. 270.

46. Projet de Frontispice pour un livre. A la plume, lavé de bistre.
H. 230. L. 150.

47. Buste de Femme encapuchonnée, tournée de trois-quarts à gauche. Au fusain et à l'estompe. Collection Adam.
H. 350. L. 260.

Nᵒ 56 du Catalogue.

ECOLE HOLLANDAISE (xviiᵉ siècle)

48. Jeune Homme debout, de face, joignant les mains. A la pierre d'Italie, rehauts de craie.
H. 280. L. 140.

ECOLE HOLLANDAISE (fin du xviiᵉ siècle)

49. Deux Chiens couchés. Au crayon noir, rehauts de sanguine.
H. 180. L. 170.

ÉCOLE ITALIENNE (xviᵉ siècle)

50. Etude de Femme à mi-corps, tenant un enfant par la main, et études de bras et de mains. A la pierre d'Italie.
H. 270. L. 220.

ECOLE ITALIENNE (xviiᵉ siècle)

51. Etude de Sainte, à mi-corps, tournée à droite. A
    l'encre de chine, avec rehauts de gouache, sur
    papier rouge-brique. Collections W. Esdaile,
    Udny, etc.

H. 245. L. 175.

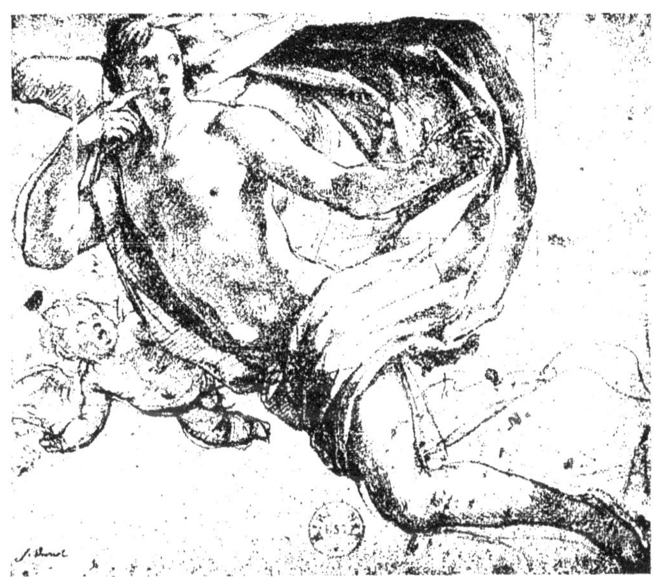

Nᵒ 155 du Catalogue.

ECOLE SUISSE (xviiiᵉ siècle)

52. Armoiries surmontant un panneau représentant
    un lion dressé, faisant jaillir une source, entre le
    lever du soleil et le coucher de la lune. Gouache
    sur velin.

H. 280. L. 210.

EECKHOUT (Gerbrandt van den)

53. Aman traîné devant Assuérus. A la plume. Collection Artaria.   H. 180. L. 155.

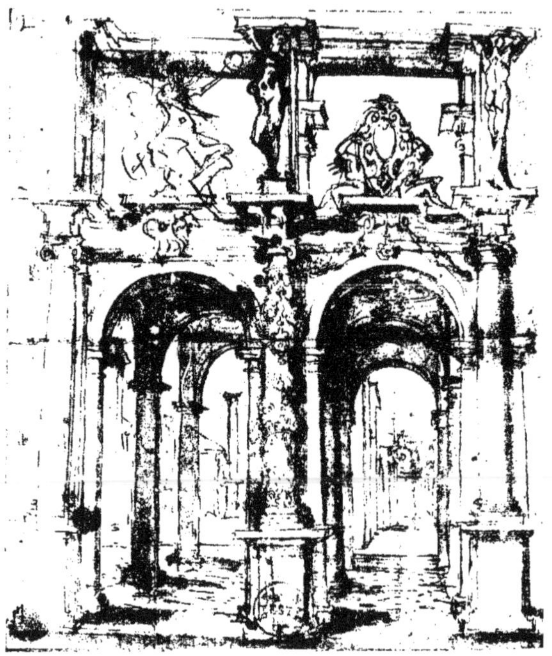

N° 98 du Catalogue.

ELLE (Ferdinand)

54. Dame de qualité, à mi-corps, assise de trois-quarts, à droite. Aux trois crayons.   H. 290. L. 260.

FALENS (Van)

55. Cavaliers au Manège. A l'encre de chine.   L. 245. H. 190.

FLINCK (Govaert)

56. Jeune Garçon, de profil à gauche, jouant de la
vielle. A la plume, lavé de bistre. Cadre ancien.
H. 145. L. 090.

FRAGONARD (Honoré)

57. Etudes de Chats jouant, page d'album, au crayon
brun.
H. 245. L. 155.

58. Vénus et l'Amour, d'après un panneau de Jules
Romain, au Palais du Té, à Mantoue. A la pierre
d'Italie. Bordure ancienne, bois doré.
L. 280. H. 200.

59. Bateau de Plaisance. A la pierre d'Italie.
L. 400. H. 270.

GAINSBOROUGH (Thomas)

60. Bœufs au pâturage. Au crayon brun.
L. 320. H. 200.

GELLÉE (Claude), dit LE LORRAIN

61. Lever d'aurore dans la brume. Plume et sépia,
rehauts de gouache, sur papier bleu. Collection
His de la Salle. Cadre ancien Louis XIII, bois
sculpté et doré.
L. 200. H. 200.

62. Le Troupeau au bord de l'eau. Sépia et encre de
chine, avec rehauts de gouache.
L. 275. H. 190.

63. Le Véhicule singulier devant les ruines. A la
plume, lavé de bistre. Collection J. Hazard.
L. 125. H. 090.

GOYA (F.)

64. " Peradilla ", caprice (vielle Femme supportant
deux personnages grimaçants). A l'encre de
chine. Cadre Empire.
H. 220. L. 140.

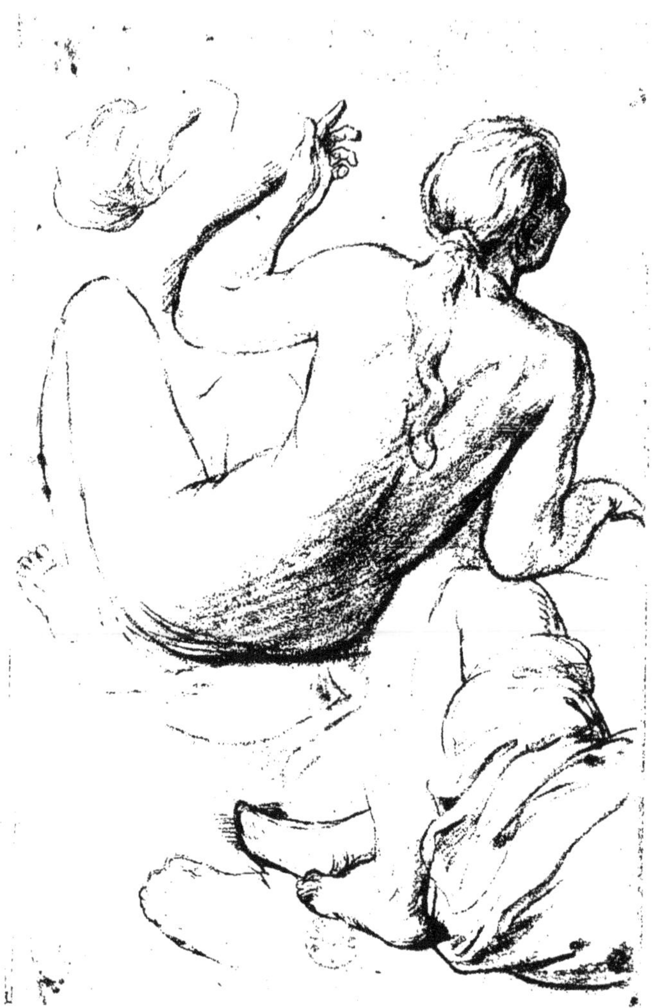

N.° 101 du Catalogue.

GRAVELOT (Hubert)

65. Portrait présumé du peintre François Boucher, debout, de profil à gauche, tenant une toile. A la pierre d'Italie.

H. 350. L. 210.

GREUZE (J. B.)

66. " N'aie donc pas peur! " Deux fillettes assises, de face. A l'encre de chine.

H. 210. L. 170.

67. La Mendiante. A l'encre de chine.

H. 245. L. 185.

GUARDI (F.)

68. Les Ruines au bord de la Mer. Sépia et encre de chine.

L. 230. H. 160.

GUERCHIN (F. Barbieri, dit le)

69. Deux Docteurs de la Loi. A la sanguine.

L. 200. H. 210.

70. Buste de Femme drapée, la poitrine découverte. A la sanguine. Collection Vallardi.

H. 235. L. 180.

71. Combat de Hérissons. A la plume.

L. 280. H. 320.

HOIN (Claude)

72. Aurore dans la Forêt. A l'encre de chine, rehaussé d'aquarelle et de gouache. Ancienne collection.

H. 440. L. 320.

HOOGSTRATEN (Samuel)

73. Bateaux à voiles. Au crayon, avec rehauts de sépia. Signé du monogramme et daté : 1651.

L. 140. H. 120.

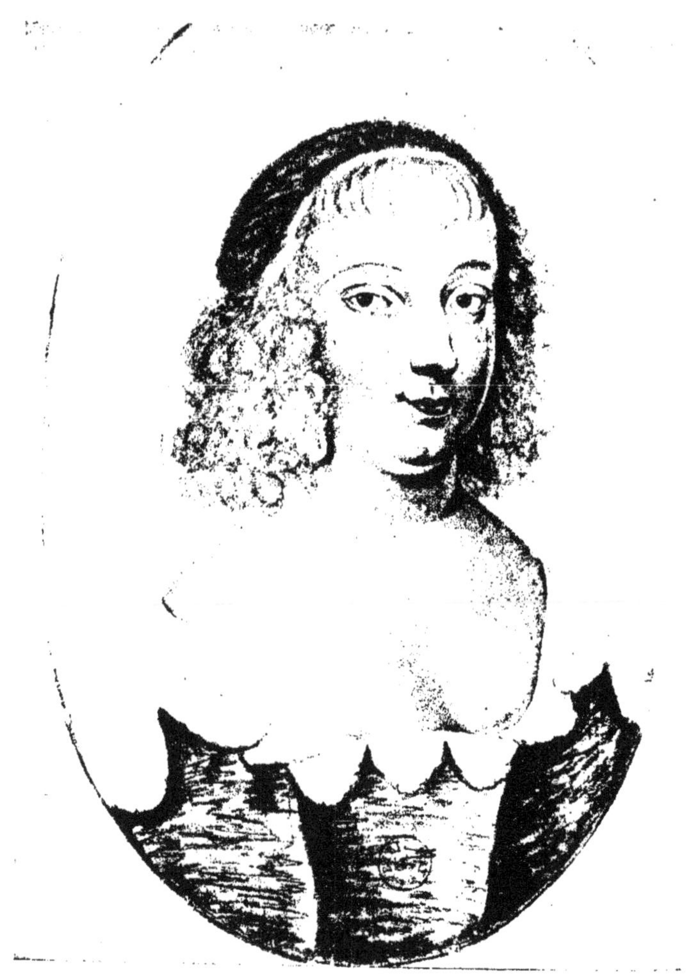

N.° 34 du Catalogue.

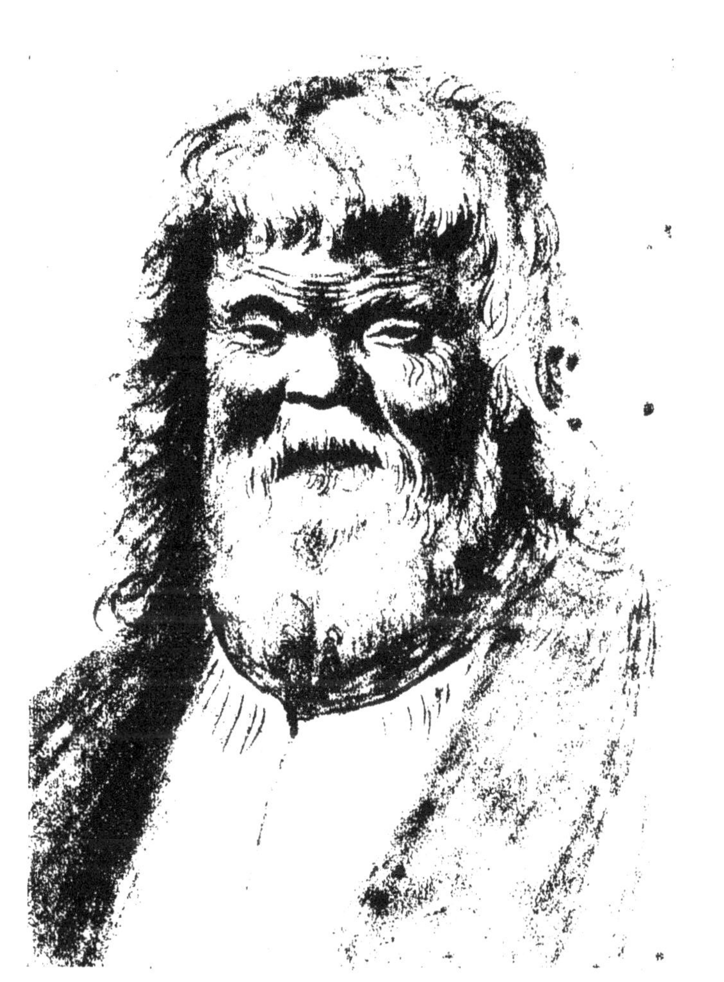

N° 80 du Catalogue.

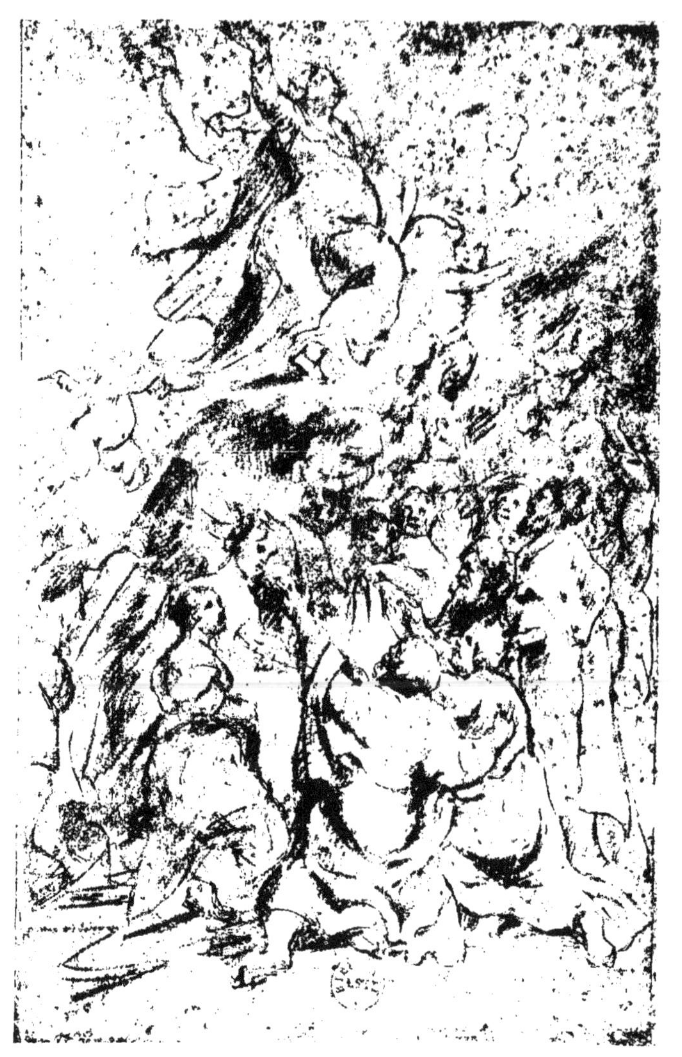

N° 124 du Catalogue.

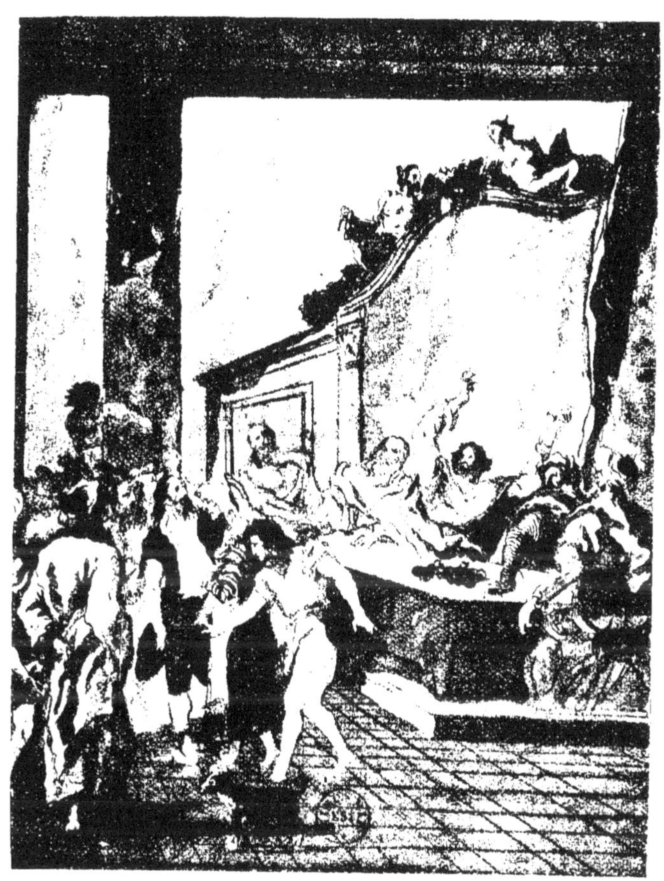

N° 139 du Catalogue.

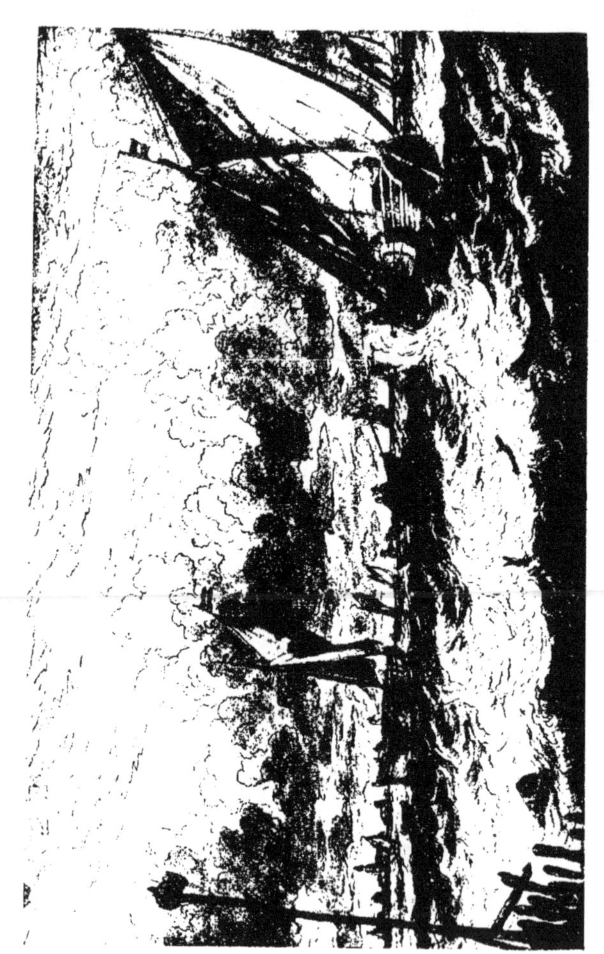

N° 10 du Catalogue.

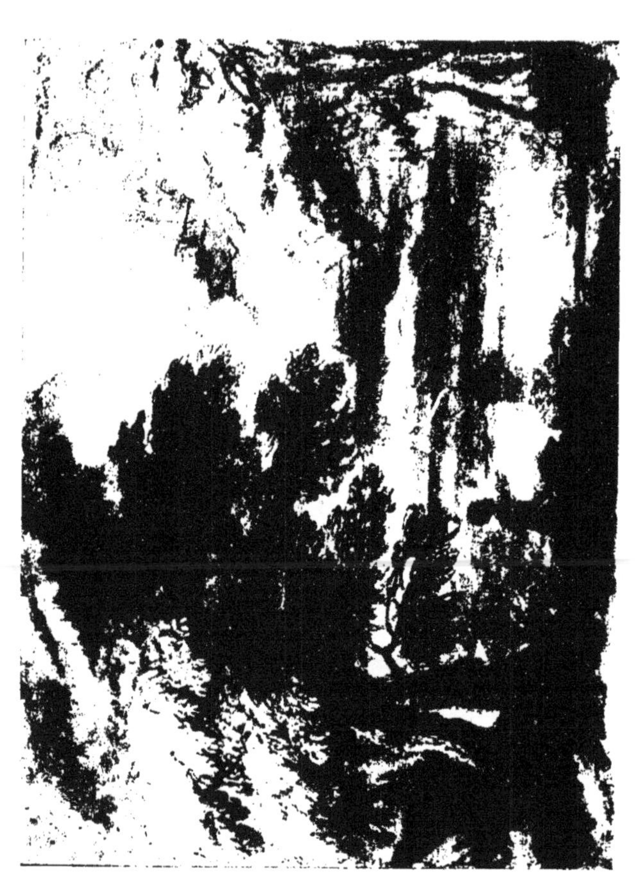

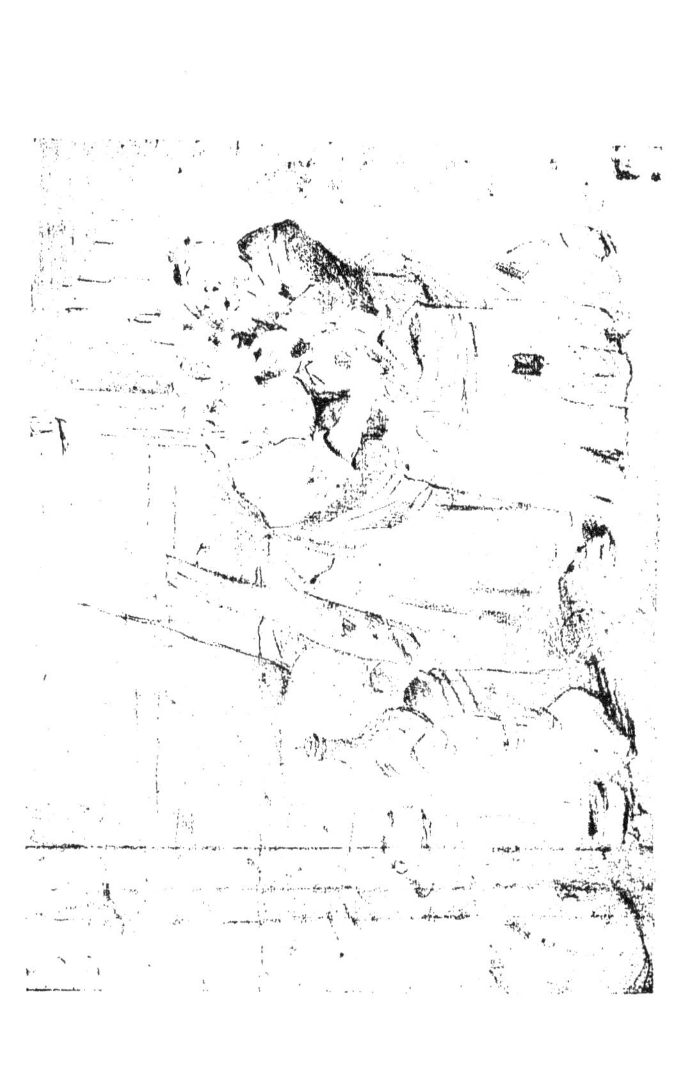

N° 135 du Catalogue.

HUET (Jean-Baptiste)

74. Chez la Modiste. Crayon, rehaussé de sépia. Signé
et daté : 1789. Cadre ancien.   L. 200. H. 145.

JORDAENS (attribué à J.)

75. Nymphe endormie avec un Amour et contemplée
par des satyres. A la pierre d'Italie, rehaussée de
sanguine.   H. 390. L. 215.

LA FOSSE (Charles de)

76. Femme nue assise et Enfant nu debout. A la sanguine et pierre d'Italie.   L. 390. H. 250.

LAGNEAU

77. Portrait présumé
d'Enguerrand de
Marigny, en
buste, tourné de
trois-quarts à
droite. A la pierre
d'Italie et san-
guine.
H. 200. L. 200.

78. Très Vieux. A la
pierre d'Italie,
rehaussé de
pastel.
H. 310. L. 220.

79. Très Vieille. A la
pierre d'Italie,
rehaussé de san-
guine.
H. 330. L. 235.

80. Un Russe. A la
pierre d'Italie, re-
haussé de pastel.
H. 340. L. 250.

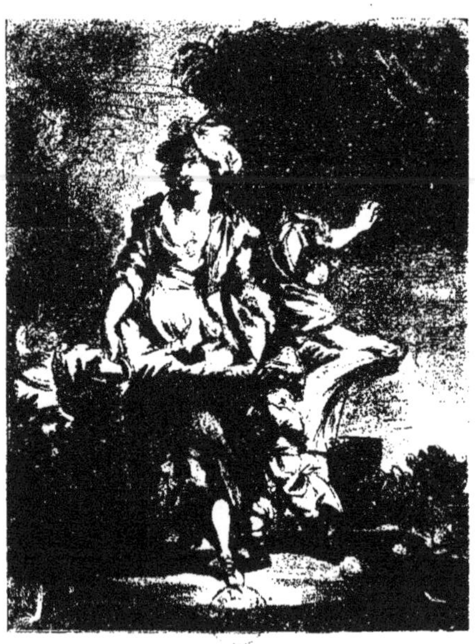

N° 129 du Catalogue.

81. Vieille au menton de galoche, de profil à droite.
A la pierre d'Italie et sanguine.

H. 290. L. 230.

82. Buste de Femme décolletée, parée de boucles et
d'un collier de perles. A la pierre d'Italie, rehaussé de pastel.

H. 330. L. 250.

83. Buste de Vieillard glabre et chauve. A la pierre
d'Italie, rehaussé de sanguine.

H. 290. L. 200.

LAGRENÉE L'AINÉ (L. J. F.)

84. Femme nue debout, accoudée. Au crayon noir.

H. 530. L. 350.

LANGENDYCK (J. A.)

85. Grenadier assis. Estompe et sanguine.

H. 330. L. 240.

LE BRUN (Charles)

86. Le Temps enlaçant une vasque, et Amours. Etudes
pour les *Bassins*, de Versailles. Crayon et encre
de chine. Signé. Collection V. Denon.

L. 400. H. 280.

LE BRUN (attribué à Ch.)

87. Cavalier Romain. A la sépia. Collections J. Barnard
et H. de Triquetti.

H. 355. L. 245.

LE MOINE (François)

88. Etudes de mains cousant à l'aiguille. A la pierre
d'Italie, rehaussé de sanguine et de craie.

H. 300. L. 210.

LENFANT

89. Un Timbalier debout, vu de dos. Aux trois crayons,
avec annotations.

H. 430. L. 255.

90. Etude de Harna-
chement, Crayon
noir et sanguine.
Collection de
Chennevières.
L. 390. H. 250.

LORENZINO
(Lorenzo Sabbatini, dit)

91. Ronde de Fem-
mes nues, com-
position pour un
plafond, en deux
feuilles. A la
sépia.
L. 340. H. 250.

LOUTHERBOURG
(P. J. de)

92. La Rentrée du Trou-
peau. Crayon
noir et encre de
chine.
L. 510. H. 385.

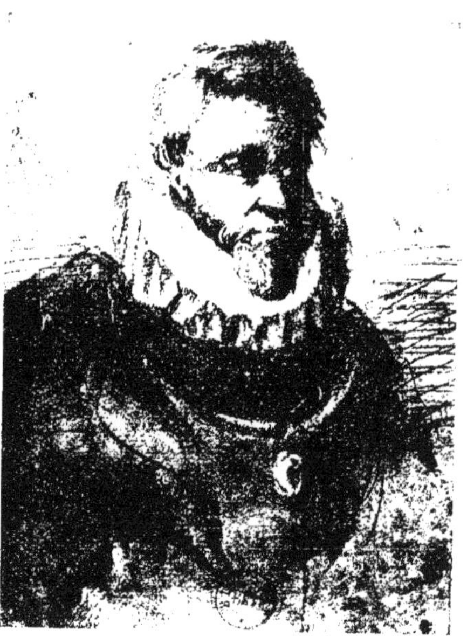
N° 37 du Catalogue.

MARILLIER (C. P.)

93. Allégorie sur les Plaisirs des champs. A la plume,
lavé de sépia.
H. 120. L. 110.

MELDOLLA (André Schiavone, dit)

94. De nombreux personnages installés sous des
arbres au bord d'un lac, attendent une barque
où se trouve S¹ Jean Baptiste. Sépia rehaussée
de gouache, sur papier verdâtre.
L. 350. H. 210.

MEULEN (A. F. van der)

95. Etudes de cavaliers. A l'encre de chine.
L. 285. H. 192.

96. Rencontre de deux Officiers à cheval. A la sépia.
L. 510. H. 440.

MICHEL

97. Sortie de Paris, par la Barrière d'Italie. Au crayon noir, rehaussé d'aquarelle.
L. 155. H. 105.

MICHEL-ANGE (attribué à M. A. Buonarotti)

98. Etude architecturale ornée de colonnes torses et de figures rappelant les esquisses pour le Tombeau de Médicis. A la plume, lavé de sépia. Cadre ancien, orné.
H. 310. L. 260.

MIERIS (F.)

99. Jeune Homme à mi-jambes, se dirigeant à gauche, portant une tête de sanglier. A la pierre noire. Cadre ancien.
H. 275. L. 165.

MOREAU (Louis)

100. Torrent dans la Forêt. Vigoureuse aquarelle, rehaussée de gouache. Signée des initiales.
L. 370. H. 240.

NATOIRE (Charles)

101. Femme nue assise, vue de dos, et détails de pieds. Aux trois crayons.
H. 400. L. 260.

102. Un Coin de ville avec ruines antiques. A la sépia, avec rehauts de gouache, sur papier bleu. Signé et daté : 1757.
L. 330. H. 230.

NATTIER (J. Marc)

103. Etude de Draperies. Au crayon noir, rehauts de
craie.

L. 320. H. 220.

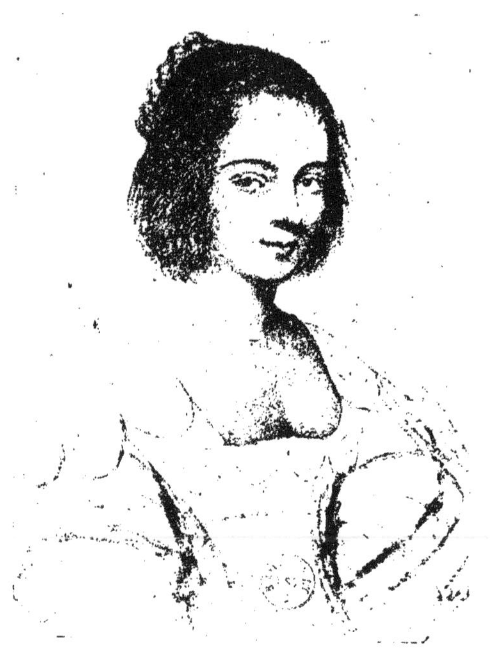

N° 16 du Catalogue.

NETSCHER (attribué à G.)

104. Trois têtes de Femmes. Au pinceau de bistre,
légèrement rehaussé de carmin.

H. 150. L. 140.

NEYTS (Gilles)

105. Paysage accidenté. A la plume, lavé de sépia et
d'aquarelle.

NICOLLE

106. Vue des Environs de Girgente (Sicile). Aquarelle. Collection Gentien.

L. 260. H. 100.

NICOLO DEL ABBATE

107. Allégorie sur la Paix et l'Abondance. A la plume, rehauts de blanc, sur papier jaunâtre. Collection Soutzo.

L. 390. H. 230.

108. Le Marchand d'Oiseaux, personnifié par un homme à tête d'aigle. A la plume, lavé de sépia (taches d'eau).

H. 470. L. 400.

OUDRY (Jean-Baptiste)

109. Le Blaireau. A la pierre d'Italie, avec rehauts de craie, sur papier bleu.

L. 420. H. 270.

PALAMEDES (Ant.)

110. Jeune Homme présentant une fleur; au revers, un épagneul en arrêt. A la pierre d'Italie.

H. 320. L. 195.

PARMESAN (Fr. Mazzuoli, dit le)

111. Lucrèce. Dessin rehaussé d'aquarelle et de gouache. A été gravé par Enéas Vico.

H. 300. L. 210.

PERUZZI (Baldassare)

112. Allégorie sur le Commerce favorisé par les Arts et les Sciences. Importante composition pour un plafond. A la plume, lavé de sépia, annotations du maître. Collection G. Vallardi.

L. 380. H. 385.

PIAZZETTA (G. B.)

113. Tête de Vieillard appuyé sur le pommeau de son
épée. Au crayon noir, sur papier brun, avec
rehauts de craie.

H. 400. L. 300.

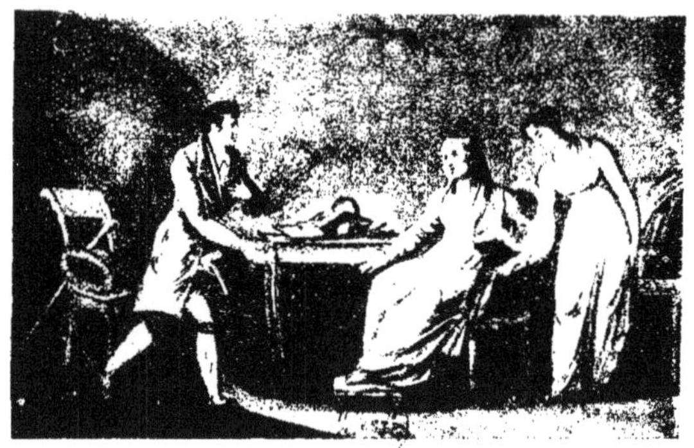

N° 11 du Catalogue.

PONTORMO (Jacopo Carucci, dit le)

114. Buste de Bourreau flagellant. A la sanguine. Au
verso, autre étude.

H. 320. L. 250.

115. Jésus au milieu des Docteurs. A la plume, lavé de
sépia. Collection Despéret.

H. 370. L. 270.

PORDENONE (attribué au)

116. Etude de Cavalier cuirassé, se penchant. A la
plume, lavé de sépia, sur papier gris bleu.

H. 205. L. 185.

PRAELE (de)

117. Un Bivouac. A la sépia.

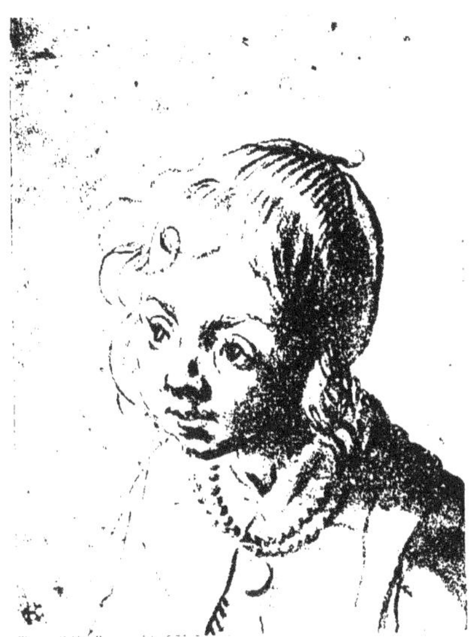

N° 117 du Catalogue.

PUGET (Pierre)

118. Un Navire de Haut-
bord, richement dé-
coré. A la plume sur
peau de vélin.

119. Un Navire de Haut-
bord, richement dé-
coré. A la plume.

RIDOLFO (Michele da)

120. Femme agenouillée,
et buste d'homme à
grand chapeau. A la
sanguine. Collec-
tions R. Udney, J.
Barnard et H. de
Triquetti.
H. 200. L. 180.

ROMAIN (Jules)

121. Combat naval. Plume
et sépia. Ovale.
L. 430. H. 400.

ROSA (Stefano)

122. Judith après le meurtre d'Holopherne. A la sanguine.
H. 230. L. 190.

ROWLANDSON (Thomas)

123. La Halte au cabaret. A la plume, lavé de bistre et
de bleu.
L. 230. H. 190.

RUBENS (Pierre-Paul)

124. L'Assomption de la Vierge. Première pensée,
avec des variantes, du célèbre tableau de la Cathé-

drale d'Anvers. A la pierre d'Italie, avec légers
rehauts de sanguine et de craie. Collections
Richardson père et John Barnard.

H. 410. L. 270.

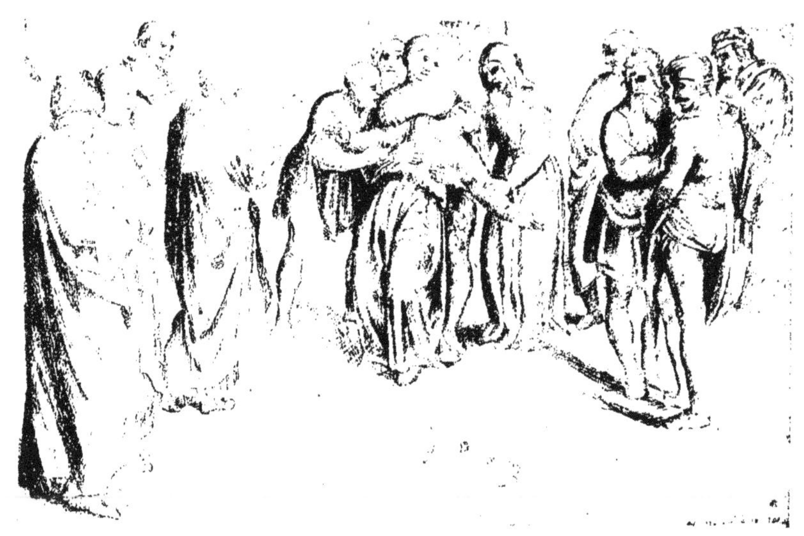

N° 6 du Catalogue.

125. Homme nu couché. A la plume.

L. 260. H. 140.

RUBENS (Ecole de P. P.)

126. St André. Esquisse peinte, sur papier.

H. 245. L. 185.

RUISDAEL (Jakob)

127. La Haie. A la pierre d'Italie, avec rehauts d'encre
de chine. Signé du monogramme.

L. 210. H. 135.

SAFT-LEVEN (Hermann)

128. Chien hurlant. A la pierre d'Italie.

L. 300. H. 220.

SAINT-AUBIN (Aug. de)

129. L'Espiègle. A la plume, rehaussé de sépia, d'encre de chine et de gouache.

H. 225. L. 175.

SAINT-AUBIN (Gabriel de)

130. Décor de Théâtre, orné d'un Temple de l'Amour. A la plume, lavé de sépia. On lit à gauche : *Composé par Gabriel de S' Aubin pour le Roy sous les ordres de M. Slotz*.

L. 380. H. 250.

SAINT-AUBIN (attribué à G. de)

131. Du Deffand (Mᵐᵉ), à mi-corps, assise, un livre sur les genoux. Au crayon noir, rehaussé d'encre de chine, de sépia et de gouache.

H. 135. L. 105.

SANTI DI TITO

132. Adolescent debout, le bras gauche en l'air. A la sépia, avec rehauts de gouache, sur papier gris-bleu. Signé : *Sᵗᵉ di tito Fiorentino*.

H. 400. L. 215.

SODOMA (Le)

133. Groupe d'Adorateurs, parmi lesquelles S' Pierre en costume Papal. Composition pour une Ascencion. A la pierre d'Italie, avec rehauts de craie (a été mis au carreau).

H. 370. L. 190.

STOOP (Dirck)

134. Choc de cavalerie. A l'encre de chine.

L. 430. H. 260.

TÉNIERS (David)

135. La Servante carressée. A la mine de plomb. Cadre
ancien.

L. 300. H. 220.

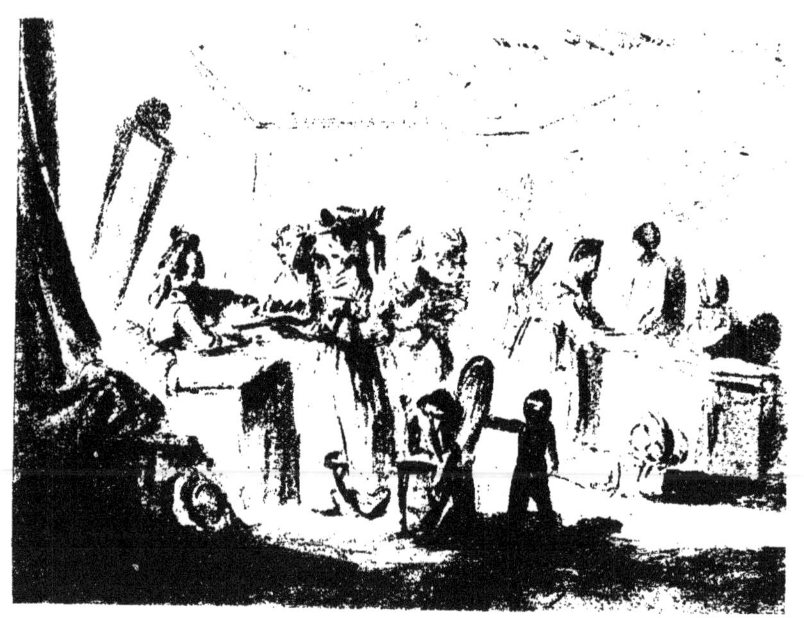

N° 74 du Catalogue.

136. La Place de village. A la mine de plomb.

L. 320. H. 200.

TERBURG (Gérard)

137. Buste de Fillette, de trois-quarts à gauche. A la
sépia, rehauts de sanguine. Cadre en ébène.

H. 085. L. 065.

TIEPOLO (Gio. Battista)

138. Tête de jeune Homme, à collerette, de profil à
gauche. A la pierre d'Italie, sur papier gris-bleu.
Cadre en ébène.

H. 185. L. 160.

TIEPOLO (Domenico)

139. La Parabole du Mauvais riche. A la plume, lavé
de bistre. Bordure ancienne.

H. 430. L. 320.

140. Jésus prêchant. A la plume, lavé de bistre. Signé.

H. 405. L. 360.

TINTORETTO (attribué à J. Robusti, dit II)

141. Martyre de St Étienne. A la pierre d'Italie.

H. 380. L. 200.

TIZIANO VECELLI

142. Le Coup de soleil. A la plume, sur peau de vélin.
Collection Donadieu. Cadre ancien.

L. 140. H. 130.

TIZIANO VECELLI (Ecole de)

143. Paysage accidenté. A la plume.

L. 315. H. 220.

TROOST (Cornélis)

144. Frontispice pour une *Histoire des Peintres*. A
l'encre de chine. Daté : 1744.

H. 240. L. 170.

UCCELLO (Paolo)

145. Etudes d'oiseaux : au verso, animaux divers. Croquis à la plume de roseau.

H. 250. L. 200.

VAGA (Perino del)

146. Charge de Cavaliers et Marche triomphale; au verso, croquis divers. A la plume. Collections Richardson, Spencer, W. Esdaile, etc.

H. 330. L. 210.

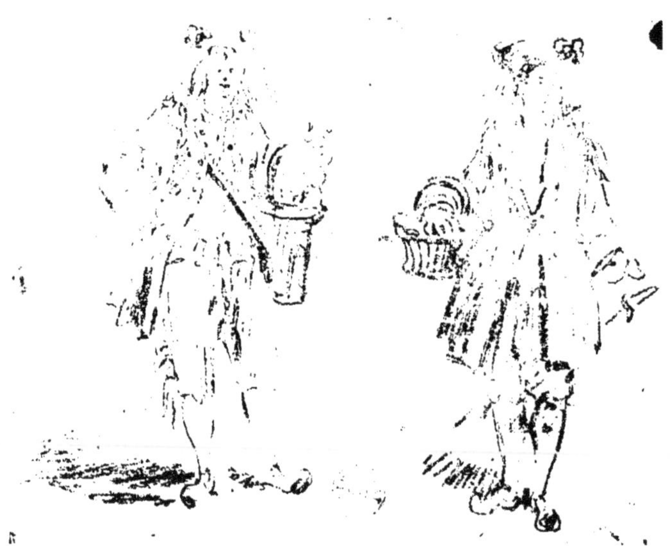

N° 147 du Catalogue.

147. Course de Chars romains. A la plume, rehaussé de sépia. De forme ronde. Collection Jules Dupan.

Diamètre : 300.

VAN LOO (Carle)

148. Tête d'Apollon, de profil à gauche. A l'estompe, avec légers rehauts de pastel.

H. 430. L. 350.

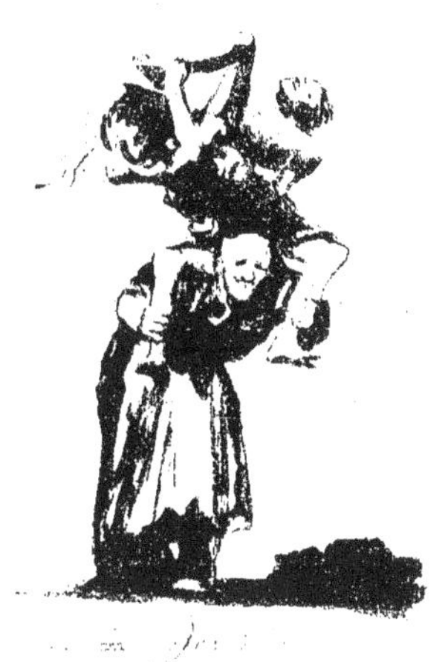

N° 94 du Catalogue.

VASARI (Giorgio)

149. Une Piscine monumentale. A la plume, lavé de bistre.
L. 340. H. 240.

VELDE (Wilhelm van de)

150. Embarquementssurdes navires de guerre. Encre de chine.
L. 390. H. 160.

151. Evolution de Navires de guerre. Crayon et encre de chine. Collection du Dr Wellesley.
L. 410. H. 230.

152. Evolution d'Escadre. Encre de chine.
L. 490. H. 205.

VICENTINO (Andréa)

153. Deux Epoux en grand costume, marchant la main dans la main. A la plume, lavé de bistre.
H. 250. L. 160.

VINCI (attribué à Léonardo da)

154. Deux Masques grotesques. A la sanguine.
L. 055. H. 090. — L. 050. H. 095.

VOUET (Simon)

155. Figure ailée et drapée (La Renommée?), accompagnée d'un Amour. Au crayon noir, rehaussé de blanc.
L. 305. H. 205.

WAGNER

156. Le Haras. Aquarelle dans le goût de Louis Moreau. Signée.

L. 230. H. 140.

WATTEAU (Antoine)

157. Deux Bergers élégants, debout, de face, un panier sous le bras. A la pierre d'Italie.

L. 210. H. 160.

WATTEAU. de Lille (L. J.)

158. Jeune Femme en négligé, debout, de face. A la pierre d'Italie, rehauts de craie, sur papier bleuté.

H. 320. L. 225.

WILKIE (David)

159. Jeune Homme anglais endimanché. Crayon rehaussé de sanguine et de craie. Signé du monogramme et daté : 1806.

H. 310. L. 210.

ZUCCARELLI (Francesco)

160. Paysage animé de figures. A la plume, lavé d'aquarelle, rehauts de gouache.

ZUCCHERO (Taddeo)

161. Couronnement d'un Pape. Plume et bistre. Collection Denon.

L. 230. H. 190.

IMPRIMERIE FRAZIER-SOYE

153-157, RUE MONTMARTRE

PARIS

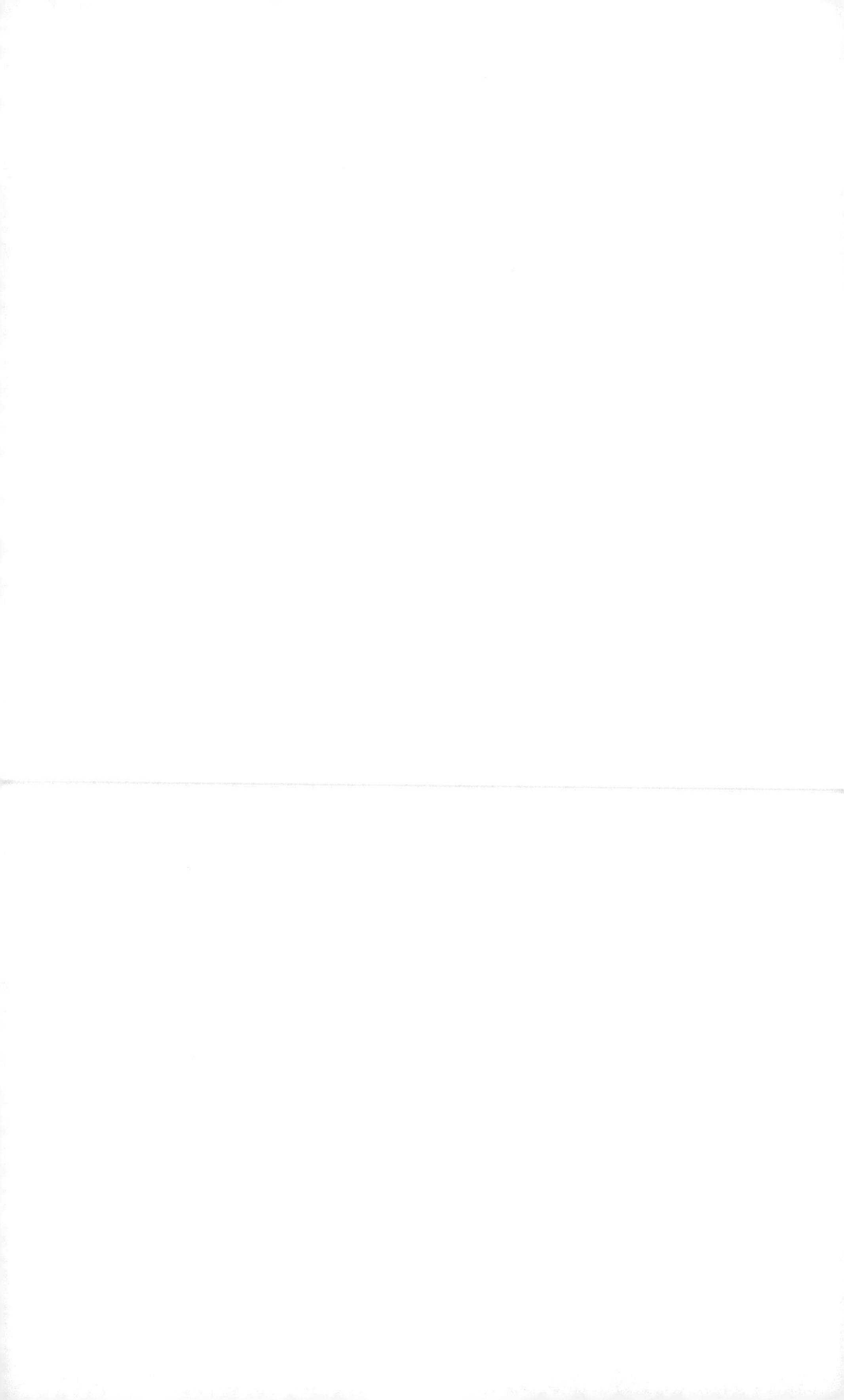